Conforme à la loi n° 49.956 du 16 juillet 1949 sur les publications destinées à la jeunesse.
© Éditions Nathan (Paris-France), 1998
© Nathan/VUEF, 2002 pour cette impression
ISBN : 2-09-202038-2. N° d'éditeur : 10117705
Dépôt légal : septembre 2004
Imprimé en Italie

T'choupi fête Noël

Illustrations de Thierry Courtin
Couleurs de Sophie Courtin

 Nathan

– T'choupi, tu devrais
rentrer, il fait froid.
– D'accord ! Mais papa,
le Père Noël, lui, il n'aura
pas froid ce soir ?
– Oh non ! Le Père Noël
porte un grand manteau
rouge et blanc très chaud.

– Ah ! te voilà T'choupi,
tu t'es bien amusé ?
– Oui, oui ! Dis maman,
il va venir comment,
le Père Noël ?

– Il va arriver sur
un grand traîneau tiré
par des rennes.
– Mais, comment il fait
pour tout transporter ?
– Il a une grande hotte
sur le dos.

– Il est beau notre sapin !
dit T'choupi. Mais il faut
mettre les petites lumières
pour que le Père Noël
le voie de loin.
– Tu as raison, dit papa,
je vais mettre la guirlande
qui clignote.

– Allez T'choupi,
maintenant tu vas au lit.
– Ah non ! Je ne veux pas
dormir tout de suite,
je veux voir le Père Noël.

– Ce n'est pas possible,
T'choupi. Avant de passer,
le Père Noël attend
toujours que les enfants
soient bien endormis.
– On le voit jamais alors,
soupire T'choupi.

– Oh ! là ! là ! dit
T'choupi. J'allais oublier
de laisser mes chaussons
au pied du sapin.
Voilà ! tout est prêt.

– Maman, tu crois que
le Père Noël se rappelle
ce que j'ai commandé ?
– Mais oui, mon T'choupi !
tu sais bien, on lui a écrit
une lettre. Il n'oublie
jamais, le Père Noël.
Dors bien.

Le jour s'est levé.
T'choupi court vite
vers le salon.
– Chouette !
J'ai des cadeaux.

– Papa, maman regardez,
j'ai eu ma fusée, et aussi
de la pâte à modeler.
Il a fait doucement,
le Père Noël, on ne
l'a même pas entendu.